Collection des Tableaux

DE

L'HISTOIRE SAINTE,

DESTINÉE À

ORNER LES APPARTEMENS

DANS LESQUELS

Les ENFANS reçoivent les premiers PRINCIPLES de leur EDUCATION.

A LONDRES,

Imprimé et vendu par JEAN MARSHALL, No. 4, Aldermary Church-Yard, Bow-Lane, & No. 17, Queen-Street, Cheapfide.

3

Collection des Tableaux, &c.

CE Plan eſt calculé pour donner une Eſquiſſe de l'HISTOIRE UNIVERSELLE, en Imitation de la Méthode de Madame de GENLIS. Il eſt néceſſaire d'informer ceux qui n'ont pas lus les écrits de cette Dame, que dans un de ſes Ouvrages, intitulé, " *Adèle et Théodore ; ou, Lettres ſur l'Education,*" elle rend Compte de la Réſolution priſe par un Noble et ſon Epouſe, de ſe retirer à la Campagne, pendant quelques Années, pour ſe livrer entierement à l'Education de leurs Enfans. Le Château choiſi pour leur Réſidence étoit ſi ingénieuſement préparé pour le but propoſé, que tous les Tableaux, les Tapiſſeries, et les Bas Reliefs des Murailles, étoient autant d'Objets d'Inſtruction ; et même chaque Porte, Ecran, &c. fourniſſoit matière à une Leçon utile ; " de manière que leurs Enfans " s'Inſtruiſirent comme par Hazard, ſur ces différens Objets : et les " Lectures qu'on leur fit ſur l'Hiſtoire, n'étant point confinées aux " Tems et Lieux, s'Imprimèrent facilement dans leur Mémoire, et " même ſans s'en appercevoir."

" Les Tapiſſeries du Salon repréſentoient d'un Coté dans des " Médaillions, les Portraits des ſept Rois de *Rome ;*—ceux des

" grands Hommes qui illuſtrèrent cette République ;—et ceux des
" Empereurs juſqu'à *Conſtantin*.   De l'autre Coté on voyoit les
" Portraits des plus célèbres *Romaines*.   Dans une longue Gallerie
" ſe trouvoient des Tableaux de l'Hiſtoire *Grecque*.   Une autre
" Chambre contenoit ceux relatifs à quelques Paſſages de l'Ecriture
" Sainte.   La Chambre à Choucher des Demoiſelles étoit ornée
" d'Eſtampes colorées, relatives à l'Hiſtoire de *France*, &c."

Comme cette excellente Méthode ne peut être généralement ſuivie (pour Raiſons ſenſibles) on eſpère que celle que l'on offre ici au Public, ſera acceptée par tous ceux qui ſe ſont Deſtinés à l'Inſtruction des Enfans.

Chaque Collection de Tableaux ſera accompagnée d'un petit Volume, imprimé en Caractères clairs, contenant l'Explication de chaque Tableau dans un Langage aiſé, et adapté à la Capacité de ceux pour leſquels ces Tableaux ſont déſignés.

N. B. Jean Marſhall vend auſſi un grand Nombre d'autres Ouvrages pour l'Inſtruction des jeunes Gens.

Gen.re 3 Chap.tre 24 versetzt

I

Publish'd July 17, 1780 by J.Marshall & C.º Nº.4 Aldermary Church Yard in Bow Lane Lond.ⁿ

II

Gen.e Chap.tre 4 Benft Act

Gen^{rl} 7 Chap^{te}

Gen.^{se} S Chap.^{re}

voyez 12 Chap.^{tre} où se trouve
l'histoire d'Abraham —
21 Chap.^{tre} Isaac est né, et
Ismaël renvoyé de la maison
paternelle

Gen.l W. Chap.n

V

de Gen.ᵉ 18 Chap.ᵗ 16 verset au
19 Chap.ᵉ 28 verset

Genesis 22 Chapter

VII

VIII

Gen.ls 24 Chap.er

Genⁱˢ 25 Chapter

Publish'd July 17, 1787 by J. Marshall & Co. No. 4 Aldermary Church Yard, in Bow Lane, Lond.

X

Gen^de 37 Chap^tre

Exode 2 Chap.tre

XI

Exode 14 Chap.^{tre}

Exode 31 Chapitre 18 Verset
et 32 Chapitre les 15.me et 16.e Verset

XIII

XIV

Exode 28 Chap^{tre}

Joshua 10 Chapter

XVI

Jugez 16 Chap.tre

voyez le 13 Chapitre

1 Samuel. 1. Chap^{ter}

XVII
Publish'd July 17, 1786 by I. Marshall & C.º N.º 4 Aldermary Church Yard in Bow Lane, Lond.

XVIII

1 Samuel 10 Chap.tre

1 Samuel 17 Chapitre

XIX

1st Samuel 2 Chapter

11 Samuel 18 Chapter

XXII

1 Kings 9 Chap.ᵗʳ 12 verse

1 Kings 12 & 13 Chapter

XVIII

1 Kings 17 Chap^{tr}

2 Kings 2 Chap^{tr}

Published July 17, 1786 by J. Marshall & Co. No. 4, Aldermary Church Yard, in Bow Lane, Lond.

2 King 2 Chap^tre 23 verse
Peu de temps après il fait
nager le fer, lyser le 6 Chapitre

2 Kings. 9 Chap.ᵗᵉʳ

Hanah 2 Chap^{tr}

Daniel H. Chaplr

Daniel 3 Chap.ter

Daniel C Chaffee

XXVI